LES
SENTENCES
ET
PROVERBES
DES ANCIENS
RABINS.

M. DC. XXIX.

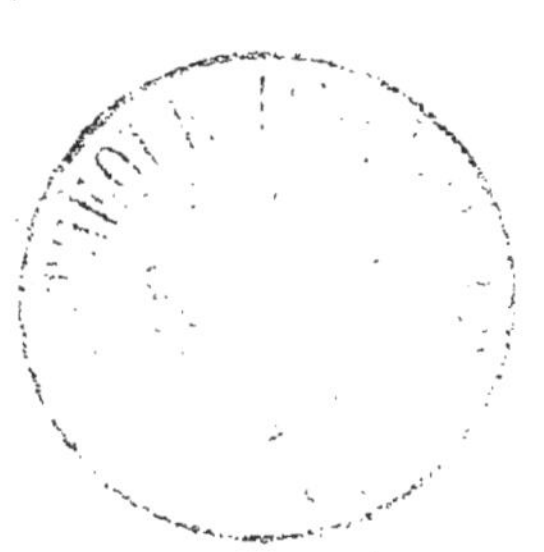

(4)

SENTENCES

ET PROVERBES DES

ANCIENS RABINS.

Oyse receut la Loy du mont Si-naï, & l'enseigna à Iosué, Iosué aux anciens, les anciés, aux Prophetes, & les Prophetes l'enseignerent aux hommes de la grande congrega-tion ; & dirent trois choses. Soyez circonspects en iugeant. Establissez beaucoup de disciples. Et faictes vne haye & rempart à la Loy.

Simeon le iuste estoit des derniers

de la grande congregation: il disoit,
Le monde se soustient sur trois choses: sur la Loy, sur le culte diuin, &
sur la misericorde.

Antigone habitant de Socco apprit de Simeon le Iuste, lequel sou-
loit dire. Ne soyez pas comme ceux
qui seruent leur maistre auec intention d'en receuoir payement; mais
soyez semblables à ces seruiteurs
qui seruent leur maistre sans intention d'en receuoir recompense : &
soit la crainte de Dieu sur vous.

Ioseph fils de Ioezer habitant de
Screda, & Ioseph fils de Ioanna de
Ierusalem, apprindrent de ceux-là.
Ioseph fils de Ioezer disoit. Que ta
maison soit vne maison de rendez-
vous des sages, & empoudre-toy de
la poussiere de leurs pieds, & bois
auec soif leurs paroles.

Ioseph fils de Ioanna de Ierusa-

sem disoit. Que ta maison soit ouuerte à tous venans, & que les pauures soient tes domestiques, & ne
deuise pas beaucoup auec ta femme propre. S'ils ont dit cela, à plus
forte raison, de la femme d'autruy.
D'où ont conclud les Sages. Toutesfois & quantes, que l'homme
arraisonne beaucoup la femme, il se
nuit à soy-mesme, il se detraque de
l'obseruance de la Loy, & à la fin il
descend en Enfer.

Iosué fils de Pheraia, & Nitai Ar-
belite apprindrent d'iceux. Iosué fils
de Pheraia dit. Fais-toy vn maistre,
& acquiers-toy vn compagnon, &
sois iugeant chacun à la balance des
merites.

Nitay Haarbeli dict ainsi. Reti-
re-toy du mauuais voisin, ne t'asso-
cie auec le meschant, & ne te deses-
pere pour la punition.

a iij

Iudas fils de Tabai, & Simeon fils de Satah receurent d'iceux. Ne fais pas comme les Procureurs : & quád les parties plaidantes comparoiſ-ſent deuant toy, eſtime-les comme meſchans : & quand ils ſe ſont reti-rez de deuant toy, tient-les pour gens de bien, quand ils acquieſcent au iugement.

Simeon fils de Seta, diſoit : Sois exact en examinant les teſmoins, & auiſé en tes paroles, de peur que ſur icelles ils ne forgent quelque men-terie.

Semahia & Abtalion apprindrent de ceux-là. Semahia dit. Ayme le tra-uail, & aye en hayne la grandeur. Et ne te donne à connoiſtre aux Prin-ces. Abtalion dit. Vous autres Sages prenez garde en vos paroles ! (Car peut eſtre encourez-vous la peine de la captiuité & ſeréz tranſportez au lieu des eaux puantes, & infectes des heresies, & les disciples qui vous suyuront en boiront & mouront, & le nom de Dieu sera profané.

Hillel & Samai apprindrét de ceux-là. Hillel disoit. Soyez des disciples d'Aaron, lequel aymoit la paix & la pourchassoit : Il aimoit les personnes, & les amenoit à l'obseruance de la Loy.

Il disoit encor, qui cherche le renom, perd son nom, qui n'adiouste (doctrine pour plus claire intelligence de la Loy) perit en fin, qui n'apprend la Loy, merite la mort. Et celuy qui se sert de la courone de la Loy, passe de cette vie.

Le mesme disoit. Si ie ne suis pas pour moy, qui sera pour moy ? Et quoy que ie sois pour moy, qui suis-ie moy ? & si ce n'est à cette heure, quand donc?

Samai disoit. Fais vn estude stable & de duree en la Loy. Parle peu & fay beaucoup, & reçoy de bon visage tout homme qui te vient voir.

Rabi Gamaliel disoit? prends vn Precepteur, & te tire de doubte, & ne t'accoustume pas à leuer la dixme sans mesurer.

Simeon son fils disoit. I'ay esté tous les iours de ma vie nourry parmy les Sages, & n'ay trouué chose meilleure que le silence. L'estude n'est pas le principal, mais l'œuure. Et tout hóme qui s'accoustume à beaucoup parler, tombe au peché.

Le mesme disoit. Le monde se maintient par trois choses, par la verité, par la Iustice, & par la paix: Car il est dit. Iugez en vos portes verité, iugement & paix.

Chap.

CHAP. II.

RAbi difoit. Celle-là eft la voye droite qui fe doit eflire par les hommes, laquelle apporte de la gloire a celuy qui l'entreprend & le fait honorer des hommes, & dont luy reuient honneur des hommes. Sois foigneux du moindre commandement autant que du plus grand, pour autant que tu ignores le guerdó des commandemens. Et compte la perte du commandement eu efgard a fa recompenfe, & le gain de l'offenfe eu efgard a la perte qu'elle te caufe. Prens garde à trois chofes, & tu ne pecheras point. Confidere ce qui eft au deffus de toy. L'œil qui void, l'aureille qui efcoute & que toutes tes œuures font efcriptes en vn liure.

Le Rabi Gamaliel fils du Rabi

Iuda le Prince diſoit. L'eſtude de la Loy s'accorde auec la façon de faire du monde, d'autant que le trauail de l'vn & l'autre fait oublier le peché. Et toute loy ſans exercice s'anneantit & cauſe le peché. Quiconque s'employe pour le public qu'il le face au nom de Dieu:car les merites de leurs peres les aſſiſtera,& leur charité demeurera eternellement: & quant à vous, ie vous eſtimeray autant digne de recompenſe que ſi vous l'auiez faict de vous meſmes.

Donnés-vous de garde des grãds qui n'approchent perſonne ſinon en tant qu'ils en ont beſoing, ils paroiſſent amis au temps qu'ils tirent proffit de quelqu'vn,& ne l'aſſiſtent pas a l'heure de ſon oppreſſió.

Le meſme diſoit. Fay la volonté de Dieu comme ta volonté meſme:

quitte ta volonté pour accomplir la
tienne ; afin qu'il face acquiefcer la
volonté des autres a la tienne.

Hillel difoit. Ne te fepare point du
public, & ne te croy pas toy mefme iufques au iour de ta mort. Ne
fay pas iugement de ton prochain,
iufques à ce que tu te voyes reduit à
fon eftat. Tu ne diras chofe qui ne
fe puiffe receuoir, encore qu'à la fin
elle foit pour eftre receuë. Tu ne diras pas auffi ; l'eftudieray quand ie
feray vieil, car peut-eftre n'en auras-
tu pas le temps.

Le mefme difoit. L'ignorant ne
craint point de pecher ; & le mon-
dain n'eft iamais pieux ; le honteux
ne peut apprendre, ny l'infoffiable
enfeigner ; ny aucun qui s'applique
du tout à la marchandife, deuenir
docte: & où il n'y aura point d'hommes, monftre-toy homme.

a ij

Le mesme encor veid vne teste qui nageoit sur l'eau. Pour autant que, luy dit-il, tu as noyé les autres, ils t'ont noyé, & à la fin ceux qui t'ont noyé seront noyez.

Le mesme encor disoit. Celuy qui multiplie la chair, multiplie les vers: celuy qui multiplie ses moyens multiplie sa facherie : celuy qui multiplie des femmes, multiplie des enchantemens : celuy qui multiplie des seruantes, multiplie fornication : qui multiplie seruiteurs, multiplie rapine : qui multiplie la loy, multiplie la vie: qui multiplie l'estude, multiplie la sagesse: qui multiplie conseil, multiplie prudence: qui multiplie iustice, multipie paix. Celuy qui acquiert bon renom, l'acquiert pour soy-mesme. Celuy qui acquiert la parole de la Loy, acquiert pour soy la vie de l'autre monde.

Rabi Iean fils de Zachay apprit de Hillel & de Samai, & difoit. Si tu as appris beaucoup de la loy, n'attribuë cela à bonté qui foit en toy, car tu as efté creé à cette fin.

R. Iean fils de Zachay auoit cinq difciples, qui font ceux-cy : Rabi Eliezer fils de Hyrcanus, Rabi Iofué fils d'Ananias, Rabi Iofeph le Preftre, Rabi Simeon fils de Nathanael, & Rabi Eliezer fils d'Arach. Il racontoit les loüanges de ceux-cy, difant. Eliezer fils de Hyrcanus, reffemble vn puits bien enduit de chaux, qui ne perd pas vne goutelette d'eau. Iofué fils d'Ananie; bien-heureufe celle qui l'a enfanté. Iofeph le Preftre, eft homme pieux. Simeon fils de Nathanael craint le peche. Eliezer fils d'Arach eft comme vne fonteine qui ne tarit iamais.

Il ſouloit encore dire. Si tous les Sages d'Iſraël eſtoient en vn coſté de la balance, & Eliezer fils de Hyrcanus de l'autre coſté de la balance, il peſeroit autant qu'eux tous.

Aba Saül faiſoit ce iugement Si tous les Sages d'Iſraël eſtoient dans vn coſté de la balance, & encor auec eux Eliezer fils de Hyrcanus, & Eliezer fils d'Arach de l'autre coſté, il peſeroit autant qu'eux tous.

Il leur diſoit (ſçauoir eſt Rabi Iean leur maiſtre) Sortez & voyez quelle eſt la droicte voye que l'hóme doibt prendre. Rabi Eliezer dit que c'eſt le bon œil. Rabi Ioſué dit que c'eſt le compagnó homme de bien. Rabi Ioſeph dit, que c'eſt la bonne renommee. Rabi Simeon dit. Que c'eſt conſiderer le ſuccez de l'affaire. Rabi Eliezer dit que c'eſt le bon cœur. Alors leur reſpon·

dit là deſſus Rabi Iean leur maiſtre. Ie Iuge les paroles d'Eliezer fils
d'Arach meilleures que les voſtres,
pour autant qu'en l'abbregé de ſes
paroles ſont contenues les voſtres.

Le Maiſtre ſuſdit leur dit encor.
Sortez & voyez quel eſt le meſchant
chemin duquel l'homme ſe doibt
eſloigner. Rabi Eliezer dit que
c'eſt l'œil mauuais. Rabi Ioſué dit
que c'eſt le meſchant compagnon.
Rabi Ioſeph, dit que c'eſt le meſchant voiſin. Rabi Simeon dit que
c'eſt emprunter & ne pas rendre,
eſtant l'emprunter des hommes autát qu'emprunter de Dieu, comme
dit le verſet. L'impie emprunte & ne
rend point, mais le iuſte eſlargit &
donne du ſien par pieté. Rabi Eliezer dit que c'eſt le cœur meſchant.
Le maiſtre ſuſdict reſpondit là deſſus. Ie iuge les paroles d'Eliezer fils

de Arach meilleures que les voſtres, car vos paroles ſont contenuës dans l'abbregé des ſiennes.

Les meſmes dirent trois choſes. Rabi Eliezer dit. Que l'honneur de ton compagnon te ſoit auſſi cher que le tien propre. Ne te courrouce legerement & pour peu. Retourne-toy à penitence vn iour auant ton treſpas, & reſchauffe-toy deuant le feu des ſages, & te garde de leur braſier, de peur que tu ne bruſles, car leur morſure eſt comme la morſure du Renard, & leur picqueure reſſemble la piqueure du Scorpion, leur dard auſſi eſt comme le dard du ſerpent, & outre cela toutes leurs paroles ſont comme brandons de feu.

Rabi Ioſué dit. L'œil malin & la mauuaiſe penſee, & la haine des perſonnes tirent l'homme hors de

ce

ce monde.

Rabi Ioſeph dit. Que les beſon-
gnes de ton compagnon te ſoient
auſſi cheres que les tiennes propres;
& diſpoſe-toy à apprendre la loy,
car tu ne l'as pas comme vn heritage, mais pour trauail. Et que toutes
tes œuures ſe facent au nom de
Dieu.

Rabi Simeon dit. Sois ſoigneux
de la priere qui eſt appellée *Kediat
ſema* : & alors & toutesfois & quantes que tu feras oraiſon ; tu ne la feras pas comme choſe ordinaire,
mais ſeulement fay-la auec miſericorde & pieté deuant Dieu, comme dit le verſet. Parce que, Seigneur
vous eſtes bon & gratieux, qui ne
tenez voſtre courroux , & eſtes
grãd en voſtre miſericorde. Et re-
tractez voſtre ordonnance tendant
à chaſtiment dóne contre celuy qui

faict penitence de son peché.

Rabi Eleazar dit. Appren souuent la loy, afin que tu ayes dequoy respondre aux heretiques: & considere en presence de qui tu trauailles, estant le maistre fidelle pour te rendre la recompense de ton trauail.

Rabi Tarfon dit. Le iour est court & l'œuure longue, & les ouriers sont paresseux, le salaire est grand, & le maistre de la maison presse la besongne.

Le mesme disoit. Tu n'es pas obligé de conduire à chef la besongne, mais il n'est pas en ta liberté de t'en desdire. Si tu as appris beaucoup de la loy, on te donnera beaucoup de recompense. Et le maistre de ton ouurage est fidel qui te payera; & sçaches que le don de la recompense des iustes est pour le temps a venir.

CHAP. III.

ACHABIA-fils de Mahaleel difoit. Confidere trois chofes,
pour te garder d'offenfer. Confidere
d'où tu es venu : où tu vas; & deuant
qui tu as à rendre raifon & compte. D'où tu es venu : d'vne matiere
puante. Où tu vas : en vn lieu de
pouldre & de vers. Et deuant qui tu
as à rendre raifon & compte : deuant
le Roy, Roy des Roys, le Sainct &
benit.

Rabi Anania Lieutenant des
Preftres difoit. Fay priere pour la
paix de la Royauté (c'eft à dire la
Iuftice) car n'eftoit le refpect d'i-
celle, les hommes s'entremange-
roient.

Rabi Anania fils de Taradion
difoit. Deux eftans affis par enfem-
ble, & ne deuifans point de la loy,

veritablement on peut dire que c'est le siege des detracteurs : comme dit le verset. Ne vous asseez pas sur le siege des detracteurs. Mais quand deux assis discourent de la loy, la Diuinité loge entre ceux là, comme dit le verset. Alors ceux qui craignent le Seigneur tindrent ces propos l'vn à l'autre, & le Seigneur y prit garde, & les ouyt, & fut enregistré ce discours dans vn liure pour memorial, en presence de ceux, qui craignent le Seigneur & ont son nó en respect. Cela s'entend de deux. Et d'où se verifie, que quand ce seroit vn seul qui est assis estudiant & ruminant l'escriture, c'est autant que s'il auoit gardé toute la loy, suiuant le verset. Quand l'homme s'assiera seul & contemplera la loy, il sera estimé comme s'il auoit porté le ioug de la loy, comme il est dit celuy qui demeure seul & se taist.

Rabi Simeon disoit. Trois hommes qui mangent à vne table, & n'y tiennent aucun propos de la loy, c'est tout ainsi que s'ils mangeoient des sacrifices des Trespassez: comme dit le verset. De ce que les tables sont couuertes de vomissemens & de fiente, c'est à cause qu'il ne s'y faict aucune mention de Dieu. Mais trois qui banquettent sur vne table & deuisent de la loy, c'est autant que s'ils mangeoient à la table de Dieu, suiuant ce passage. Et parla à moy. Telle est la table qui est deuant le Seigneur.

Rabi Anania fils d'Achenai disoit. Celuy qui veille la nuict, & qui cheminant seul, roulle de vaines pensees en son cœur, il condamne son ame.

Rabi Nehonia fils de Achana di-

foit. Quiconque charge fur foy le
ioug de la loy, il depofe le ioug de
l'empire & de la pratique du môde:
& quiconque fecouë le ioug de la
loy, on le charge du ioug de l'empire, & de l'exercice du monde.

Rabi Halaphta fils de Dozza natif
de la cité d'Ananie difoit. Dix hommes qui font affis, difcourans ferieu-
fement de la loy, la Diuinité fe retrouue parmy eux, comme dit le verfet. Dieu fe retrouue en la republique de Dieu : (qui pour moins de
dix ne s'appellé pas Republique)
Et d'où fe prouue le mefme de cinq
feulement, comme dit le verfet. Et
fon fagot fur la terre a efté fondé. Et
d'où fe prouue le mefme de trois
feulement, comme dit le verfet. Il
iuge au milieu des iuges, (qui ne
font pas moins de trois iuges.) Et
d'où fe prouue le mefme de deux

seulement comme dict le verset.
Alors ceux qui craignent Dieu se
parlerent l'vn à l'autre. Et le Seigneur y prit garde & les escouta. Et
d'où se prouue le mesme d'vn seulement, comme dit le verset. En tout
lieu où ie permettray qu'il se face
mention de mon nom, ie viendray
à toy, & te beniray.

Rabi Eleazar, homme de Bar-
tota disoit. Donne à DIEV du
sien , car toy & tout ce que tu as
est sien. Et ainsi dans Dauid il dict.
Pour autant que tout vient de vous
& le receuons de vostre main, nous
vous le donnons.

Rabi Iacob disoit. Celuy qui
voyage & laisse la meditation de la
loy pour s'amuser à admirer & dire; O que cet arbre-là est beau ; ou,
que ce seillon la est beau ! l'escripture tient celuy-là comme qui a

condamné son ame.

Rabi Dozethai fils de Ianai au nom de Rabi Meir, disoit. Vn escolier docte qui s'assied & estudie, & vient à oublier vne chose de son estude, l'escripture l'estime comme s'il auoit mis en danger son ame, cóme dict le passage. Garde-toy & ayes grand soin de ton ame, à ce qu'elle ne mette en oubly les choses que tes yeux ont veu. Cela se pourroit entendre d'vn homme quoy qu'il eust beaucoup estudié. C'est pourquoy il est dit incontinent apres. Qu'elles ne partent de ton cœur tous les iours de ta vie. Voila donc comment son ame n'est pas condamnée, que iusques à ce que de soy-mesme il les reiette de son cœur & les oublie.

Rabi Ananias fils de Dozza disoit. Tout homme en qui la crainte du peché

peché precede la sagesse, sa sagesse
se conserue. Mais tout homme en
qui la sagesse va deuant que la crainte du peché, sa segesse n'est pas de
duree.

Le mesme disoit. Tout homme
de qui les œuures tiennent d'auan-
tahe de sa sagesse, sa sagesse se maintient. Mais celuy de qui la sagesse
est plus que ses œuures, sa sagesse
ne se conserue pas.

Il disoit encor. Tout homme en
qui l'esprit des personnes se plaist,
l'esprit de Dieu se plaist en luy. Mais
tout homme en qui l'esprit des personnes se desplaist, l'esprit de Dieu
se desplaist aussi en luy.

Rabi Dozza fils de Harchinas
disoit. Dormir la grasse matinée, &
le vin du midy, & l'entretient des
enfans, & demeurer auec les mon-
dains, tirent l'homme hors de ce
monde.   d

Rabi Eliezer le Modai diſoit. Ceſ
luy qui contamine & meſpriſe les
ſolemnitez & qui faict bleſmir la face de ſon compagnon en public, &
qui corrompt le pact & accord d'A-
braham noſtre Pere auec Dieu, &
qui explique la loy contre la raiſon,
quoy qu'il aye la loy en main, & les
bonnes ouures, il n'a point de part
en l'autre monde.

Rabi Iſmael diſoit. Humilie-toy
deuant plus grand que toy, garde
la grauité parmy la ieuneſſe, & reçoy tout homme ioyeuſement.

Rabi Achiua diſoit. Le ris & la le-
gereté de la teſte accouſtument
l homme à l'adultere. La tradition
eſt vn rempart à la loy : & les dixmes
vn rempart aux richeſſes : Les vœux
ſont vn rempart à l'abſtinéce : & le
ſilence vn rempart à la ſageſſe.

Le meſme diſoit. Aimable eſt

l'hóme qui a esté crée à l'image de
Dieu : Mais plus grand amour luy a
esté demonstré, luy faisant recon-
noistre qu'il a esté creé à l'image de
Dieu, comme dit ce passage : Il a
fait l'homme à l'image de Dieu. Les
Israëlites sont dignes d'estre aymez
qui sót appellez les enfans de Dieu :
Mais grád amour leur a esté notifié
en ce qu'ils sont appellez enfans de
Dieu, suiuant ce verset. Vous estes
les enfans du Seigneur vostre Dieu.
Les Israelittes sont encor aimables,
à qui a esté donné vn vase de desir.
Mais plus grand tesmoignage d'a-
mour ont-ils receu, leur ayant esté
donné vn vase de desir, comme dit
le passage. Pour autant que ie vous
ay donné vne bonne doctrine, vous
ne quitterez point ma loy.

Tout a esté preueu de Dieu, & la
liberté a esté donnee, & le monde

est iugé auec le bien, & le tout suiuant la multitude des œuures.

Le mesme disoit. Tout a esté donné en gage à l'homme, & vn rets est
estendu sur t ous les viuans. La boutique est ouuerte, & le maistre de la
boutique faict credit. Le liure est
ouuert, & la main escrit, & chacun
qui veut prendre à credit, peut y venir prendre, les receueurs iront cô-
tinuellement chasque iour, & se fe-
ront payer par l'homme vueille ou
non : ils ont sur quoy se fonder, &
le iugement est vn iugement de verité, & tout est preparé pour le ban-
quet.

Rabi Eleazar fils d'Azarie disoit.
Si vous n'auez point de loy, vous
n'auéz point de ciuilité : si vous
n'auez point de ciuilité vous n'a-
uez point de loy : si vous n'auez la
crainte de Dieu, vous n'auez non

plus de sageſſe : ſi vous n’auez point
de ſageſſe, vous n’auez point de
crainte de Dieu: ſi vous n’auez point
de prudence, vous n’auez point de
ſcience : ſi vous n’auez point de
ſcience, vous n’auez auſſi point de
prudence. Si vous n’auez de la farine, vous n’auez point de loy : ſi vous
n’auez point de loy, vous n’auez
point de farine.

Il diſoit encor. Tout homme qui
a plus de ſageſſe que de bonnes œuures, à qui eſt-il ſemblable ? A vn
arbre qui a pluſieurs branches, &
peu de racines; le vent ſoufle, & le
déracine, & le renuerſe c’en deſſus
deſſouz, cóme dit le verſet. Et il ſera
cóme le ſaulx en la plaine, & ne ver-
ra point quãd viendra le bien, & ha-
bitera en ſeichereſſe dans le deſert
& terre deſolée. Mais celuy qui a
plus de bonnes œuures que de ſageſſe, à qui reſſemble-il? A vn arbre

qui a peu de branches, beaucoup de racines; & quoy que les vents soufflent tant qu'ils voudront, ils ne l'esbranleront point de son lieu, suiuant le passage qui dit. Et il sera comme vn arbre planté au bord des eaux, & aupres d'vn ruisseau il espandra ses branches, & ne se souciera point, encor que la chaleur arriue; son feüillage sera tousiours verdoyant, & en temps de seicheresse ne perdra point sa gayeté, ains ne cessera de porter fruict.

Rabi Eleazar fils de Hassama disoit. Les leçons des nids, & de la femme qui a ses mois, sont leçons d'importance : & les estudes des reuolutions de l'an, & l'Astrologie, & la Mathematique, & la Geometrie, sont assaisonnemens de la science de la loy Diuine.

CHAP. IV.

LE fils de Zoma difoit. Qui eſt ſage? celuy qui appréd de tous, comme dit le verſet. Ie ſuis deuenu entendu par deſſus tous mes maiſtres. Qui eſt puiſſant ? Celuy qui ſurmonte ſa tentation, fuyuant ce paſſage. Le tardif à ſe couroucer eſt meilleur que le puiſſant, & celuy qui ſeigneurie ſon courage, vaut plus que celuy qui prend vne ville. Qui eſt riche? Celuy qui ſe contente de ce qu'il a, comme dit le verſet. Quand tu mangeras le labeur de tes mains, te voyla bien-heureux, bien t'en prendra : bien-heureux en ce preſent monde, & bien t'en prendra en l'autre. Qui eſt honoré? Celuy qui honore les perſonnes, fuyuant ce paſſage. C'eſt pourquoy i'honoreray ceux qui m'honorent :

& ceux qui me mesprisent, seront mesprisez.

Le fils d'Azai disoit. Cour pour accomplir vn commandement leger, & fuy le peché. Car vn precepte attire vn autre preceptte, & vn peché ameine vn autre peché. Dautant que la recompése d'vn precepte est vn autre precepte, & la recompense d'vn peché est vn autre peché.

Il disoit encor. Ne mesprise iamais personne, ny aucune chose (comme inutile) pour autát que tu n'as point d'homme qui n'aye son heure, comme aussi tu n'as point de chose qui n'aye son lieu.

Rabi Leuithai homme de Iabné, disoit. Sois grandement humble d'esprit, car l'attente de l'homme ce sont les vers.

Rabi de Iochannam fils de Berroca

roca difoit. Tout homme qui en fe-
cret profane le nom de Dieu, on en
fait punition en public, tant de l'i-
gnorant que du vicieux, quant à ce
qui eft deprofaner le nom de Dieu.

Rabi Ifmael difoit. Celuy qui a-
prend auec intention d'enfeigner,
Dieu luy baille commodité d'appré-
dre & d'enfeigner. Et celuy qui apprend auec intention de faire ce
qu'il dit, Dieu luy donne moyen d'é-
feigner, & de garder, & de faire.

Rabi Sadoch difoit. Ne te fepare
point de la Commnauté. Et qu'au-
cû Iuge ne fe face Aduocat ou per-
tial d'vne partie. Ne te fay point
vne couronne de telle fcience
pour te couronner des paroles de la
Loy, c'eft à dire pour t'en glorifier
& preualoir mondainement : n'y
pour t'agrandir auec icelles, ny en
faire vne faulx pour t'en feruir. Et

e

perd cette vie. D'où il t'est donné à entendre que tout homme qui se preuault de la parole de la Loy, se priue de la vie de l'autre monde.

Rabi Ioseph disoit. Tout homme qui honore la Loy, sera honoré des personnes. Et tout homme qui mesprise & deshonore la Loy, sera mesprisé & vilipendé des personnes.

Rabi Ismael son fils disoit. Celuy qui se priue de iuger, se descharge des inimitiez, assassinats, & iuremens faux. Et celuy qui s'en orgueillit & enfle son cœur en donnant sentence, est vn fol, vn impie, & orgueilleux d'esprit.

Le mesme disoit. Ne iugez pas estant seul : car il n'y a point de Iuge qui le face sinon vn, qui est Dieu : & ne dites pas, Suyuez mon opinion ; car eux ont leur liberté de la prendre ou de la laisser, & non pas vous.

de cette façon Hillel difoit. Celuy qui fe fert de la couronne de la Loy,

Rabi Ionathan difoit. Celuy qui garde la Loy en pauureté, eft pour la garder à la fin pour les richeffes : mais celuy qui quitte l'obferuance de la Loy en l'abondance, la quittera auffi à la fin pour la pauureté.

Rabi Meyer difoit. Laiffe le trop grand foin des affaires, & t'eftudie à la Loy : & fois humble d'efprit en prefence d'vn chacun. Et fi tu te deftournes de la Loy, tu trouueras affez de gens contraires qui t'en deftourneront : & fi tu te peines autour de la Loy, Dieu tient prefte vne grande recópenfe pour te la dóner.

Rabi Eliezer difoit. Celuy qui accomplit vn precepte, acquiert pour foy vn Procureur ; & celuy qui commet vn peché s'acquiert vn accufa-

teur. La penitence & les bonnes œuures, font comme vn bouclier au deuant du fupplice.

Rabi Ioannan Azandelar difoit.
Chafque cógregation qui eft faicte
au nom de Dieu, eft pour fe confer-
uer en fin : mais celle qui n'eft pas
faicte au nom de Dieu, n'eft pas
pour durer longuement.

Rabi Eleazar fils de Samua difoit.
Que l'honneur de ton difciple te
foit auffi cher que le tien propre : &
l'honneur de ton compagnon, comme la crainte de ton maiftre, & la
crainte de ton maiftre, comme la
crainte de Dieu.

Rabi Iuda difoit. Adonne-toy foi-
gneufement à l'eftude de la Loy,
pour autant que l'ignorance ou ne-
gligéce en la Loy eft blafmée comme vn vice.

Rabi Simeon difoit, qu'il y a trois

couronnes. La couronne de la Loy, la couronne de la Preſtriſe, & la couronne de l'Empire : mais la couronne de la bonne renommée eſt beaucoup plus releuée & illuſtre que toutes celles-là.

Rabi Nehorai diſoit. Tranſporte-toy au lieu où s'obſerue la Loy, & ne dy point qu'elle viédra derriere toy, ou que tes compagnons l'obſerueront par ton authorité, & ne te fie pas en ta prudence.

Rabi Ianai diſoit. Il n'eſt en nous de ſçauoir la raiſon de la paix, dont iouïſſent les meſchans, ny de la tribulation des iuſtes.

Rabi Mathias fils de Haras diſoit. Sois le premier à ſalüer vn chacun, & que tu ſerues de queüe aux Lyós, & non pas de teſte aux Renards. (C'eſt à dire). Sois pluſtoſt le moindre parmy les gens de bien, que nó pas le chef des meschans.)

Rabi Iacob disoit. Ce monde est semblable à vne antichambre, à comparaison de l'autre monde: prepare-toy bien en y allant, afin que tu puisses entrer dans le palais.

Il disoit encor. Vne heure de penitéce & de bonnes œuures en ce present monde, vaut mieux que toute la vie de l'autre monde: & vne heure de repos en l'autre monde, vaut mieux que toute la vie du present monde.

Rabi Simeon fils de Eleazar disoit. Ne cherche pas à complaire à ton compagnon à l'heure de son courroux : ny à le reconforter à l'heure que son trespassé gist esten-du deuant luy : ny luy demander absolution au temps de son vœu: ne te soucie non plus de le voir au temps de sa calamité.

Samuel l'enfant difoit. Ne te ré-
joüis pas de la cheute de ton enne-
my, ou lors qu'il choppe, de peur
que le Seigneur voyant cela n'en
foit déplaifant, & deftourne fon ire
de deffus luy (pour la defcocher fur
toy.)

Elifa fils de Abuia difoit. Celuy
qui apprend dés fon enfance, à qui
reffemble-il? à l'encre qui eft efcri-
te fur du papier neuf : mais celuy
qui apprend eftant vieil, eft femblable à l'encre qui eft efcritte fur du
papier foüillé.

Rabi Iofeph fils de Rabi Iudas natif de la cité de Babylone difoit. Celuy qui appréd des ieunes gens à qui
eft-il femblable? A celuy qui mange
du verjus, & qui boit le vin de la cuue : mais celuy qui apprend des vieillards, à qui reffemble-il ? A celuy
qui mange des raifins meurs, & boit

du vin vieil.

Le Rabi difoit. Ne prends pas garde au flafcon, mais feulement a ce qui eft dedans : car tel flafcon eft neuf qui eft plein de vin vieil ; & tel eft vieil qui n'a pas feulement du vin nouueau.

Rabi Eleazar le Capharnaïte difoit. L'enuie & la conuoitife & l'ambition tirent l'homme hors de ce monde.

Il difoit encor. Ceux qui font naiz doiuent vn iour mourir, & ceux qui font morts reffufciter : & les viuans eftre iugez : & de faire fçauoir & d'eftre fceu qu'il eft Dieu, & le formateur, qu'il eft le createur & les furintendant, qu'il eft le Iuge, le tefmoin & la partie, & qu'il doibt iuger. Beny foit celuy en qui n'y a point d'iniquité, ny oubliance, ny refpect de face, ny acception de tribut

tribut, pour autant que tout est sien.
Et sçaches que le tout succedera
suiuant le compte : & que ta mau-
uaise inclination ne te donne asseu-
rance que la fosse soit vn lieu de re-
fuge pour toy : car en despit que tu
en ayes tu as esté creé, en despit que
tu en ayes tu as esté engendré, tu
vis, tu meurs, tu as a rendre raison &
compte deuant le Roy des Roys, &
le Sainct beny.

CHAP. V.

LE monde fut creé auec dix paroles, & à quelle fin ? Et certai-
nement Dieu le pouuoit creer auec
vne seule parole, mais cela fut pour
se venger des meschans, qui dissipét
le monde qui fut creé auec dix paroles : & pour donner bonne recompense aux iustes qui conseruent le
monde qui fut creé auec dix paroles.

voyez
le Com-
mens.

f

Il y a dix generations depuis Adam iusques à Noé, pour donner à entendre combien le courroux de Dieu est tardif : pour autant que toutes les generatiōs esmouuoient le Seigneur à courroux : tellement qu'à la fin il laissa tomber sur elles les eaux du Deluge.

Il y a dix generations depuis Noé iusques à Abraham, pour monstrer combien Dieu prolonge auant que de se courroucer, pour autant que toutes ces generatiōs faisoient courroucer le Seigneur Dieu, iusques à tant que vint nostre pere Abraham, qui receut la recompense au lieu de toutes ces meschantes generations.

Nostre Pere Abraham fut espreuué en dix façons, & demeura ferme & constant en toutes : pour faire conoistre combien grand estoit l'a-

mour de noſtredict pere Abraham
enuers Dieu.

Dix miracles furent faicts à nos
Peres en Egipte, & dix ſur la mer.
Dieu enuoya dix playes ſur les Egi-
ptiens, & dix autres ſur la mer.

Nos Peres tenterent Dieu auec
dix tentations au deſert, comme dit
le paſſage. Et par dix fois ils m'ont
deſia tenté, & ont fermé l'oreille à
ma voix.

Dix miracles furent faits à nos Peres en la maiſon du Sanctuaire. Iamais femme n'auorta à cauſe de l'o-
deur de la chair des ſacrifices. Iamais
la chair des ſacrifices ne ſentit mauuais: & ne veid-on vne ſeule mouche
en la tuerie : & au iour des purga-
tions il n'arriua aucun accidét d'im-
mondicité au grand Preſtre : & iamais les pluyes n'eſteignirent le feu,
du bois de l'Autel : le vent auſſi ne

diſſippa point la colomne de la fu-
mée : il ne ſe trouua point de man-
quement en l'Homer, qui eſt vne
meſure d'orge que le Preſtre faiſoit
le ſecond iour de Paſques ; ny auſſi
aux deux pains (ny au pain de pro-
poſition) & en celuy des faces que
l'on chágeoit toutes les ſepmaines,
& mettoit ſur la table d'or du ſanc-
tuaire. Et les Hebreux ſe trouuoiét
debout & fort preſſez au Temple
quand ils alloient à Paſques faire
leurs deuotions : Et quand ils ve-
noient à s'agenoüiller pour faire l'a-
doration, ils ſe retrouuoient au lar-
gé. Iamais ny Serpent, ny Scorpion
ne fiſt mal à perſonne dans Hieruſalem, & perſonne ne dict à ſon compagnon ; Ie ſuis eſtroictement au
lieu où ie loge dans Hieruſalem.

Voyez le Cõment.   Dix choſes furent creées la ville
du Sabbat ſur le tard, & ſont celles-

cy. La bouche de la terre (qui engloutit la congregation de Choré)
& la bouche du puits (qui suiuoit
Israël au desert) & la bouche de
l'asnesse (de Balaam) & l'arc en

ciel, & la manne, & la verge (de
Moyse) & le Samir, auec lequel on
fendoit les pierres du sainct Temple que Salomon bastit , (estant
deffendu de se seruir de ferrement à
cet effect) & le caractere, & l'escriture, & la table de Moyse; & quelques vns disent encor cela des demons, & la sepulture de Moyse, &
le mouton d'Abraham (qu'il sacrifia au lieu d'Isaac) & quelques autres disent, les premieres tenailles
par lesquelles les autres ont esté
faictes.

Sept choses se disent du fol, & sept
du sage. Le sage ne parle point deuant vn plus sçauant, ou qui est en

plus grande reputation que luy : il n'interrompt point le difcours de fon cópagnon, &ne s'eftonne point de refpondre ; il interroge à propos & refpond comme il conuient : il parle premierement fur ce qui a efté propofé le premier , & en dernier lieu, fur ce qui a efté propofé le dernier : touchant ce qu'il n'a pas entendu, il dit ; Ie ne l'ay pas entendu & reconnoift ce qui eft veritable. Tout le contraire des chofes fufdittes fe retrouue au fol.

Sept fortes de punitions viennent au monde à caufe de fept grands pechez. Quand les vns payent la difme & les autres non, lors faute de pluye vient la famine , d'où vient que quelques-vns font affamez & d'autres faouls. Et quand tous ont fait refolution de ne point donner la difme, il arriue vne cherté eftrange

& disette de pluye. Et quand ils ne donnent pas la foüace ou tourteau (qui a de coustume d'estre donnée au Prestre) il arriue vne famine qui consomme tout. La pestilence vient au monde à cause des pechez mortels qui sont exprimez en la Loy; c'est à sçauoir lors que l'on ne met point les meschans entre les mains des Iuges pour estre punis : & à cause des fruits de la septiesme année (qui n'ont pas esté rapportez en commun suyuant le commendement de la Loy.) Le glaiue vient au monde quand on retarde le iugement & quand on peruertit la iustice à cause de ceux qui se seruent de la Loy, contre la raison. La beste farouche vient au monde à cause du faux iurement, & à cause que le nom de Dieu est profané. Captiuité vient au monde à cause de ceux qui ser-

uent à l'idolatrie, & de ceux qui cō-
mettent adultere, & à cauſe de l'ho-
micide, & pour ne laiſſer repoſer la
terre le ſeptieſme an.

La peſte augmente en quatre
temps : le quatrieſme mois de l'année (pour auoir retardé à donner
les premices)& au ſeptieſme,& à l'iſſuë du ſeptieſme,& à la fin de la feſte des Tabernacles de chaſque an :
au quatrieſme à raiſon de la diſme
des pauures (qui eſt en la 3.année:&
au ſeptieſme à cauſe de la dixme des
pauures;à l'iſſuë du ſeptieſme à cauſe des fruicts du ſeptieſme an ne les
donnant pas au commun : & à l'iſſuë de ladite feſte des Tabernacles
de chaſque an , à cauſe de l'vſurpa-
tion des aumoſnes des pauures.

Quatre couſtumes ſont en l'hom-
me.Celuy qui dit, Le mien eſt à toy,
& le tien eſt à moy : ceſte couſtume
eſt

eſt paſſable : Mais ce qui eſt à moy eſt à moy, & ce qui eſt à toy eſt à toy cela eſt mediocre. Le mien eſt tien & le tien eſt mien, Ceſte-cy eſt iuſte. Le mien eſt mien & le tien eſt mien, ceſte-cy eſt iniuſte.

Quatre manieres. Celuy qui eſt facile à ſe courroucer & facille à s'appaiſer ? l'vn recompenſe l'autre. Celuy qui eſt difficile à ſe courroucer & difficile à s'appaiſer; l'vn recompenſe l'autre. Celuy qui eſt difficile à ſe courroucer, & facile à s'appaiſer, eſt homme de bien. Celuy qui eſt facile à ſe courroucer & difficile à s'appaiſer, eſt vn impie.

Quatre naturels ſe retrouuent és diſciples. Celuy qui comprend viſtement, & oublie viſtement ; l'vn recompenſe l'autre. Celuy qui eſt tardif à comprendre, & tardif à ou-

blier ; l'vn recompenſe l'autre. Celuy qui compréd viſtement & n'oublie pas aiſément, eſt bien partagé.
Celuy qui eſt tardif à comprendre,
& qui oublie viſtement, celuy-là eſt
mal partagé.

Quatre humeurs ſe rencontrent
en ceux qui donnent l'aumoſne. Celuy qui la voudroit donner, & ne
voudroit pas que les autres la donnaſſent ; ſon œil eſt meſchant en celuy des autres qui donnent l'aumoſne. Celuy qui voudroit bien que les
autres la donnaſſent, mais ne la voudroit pas donner : ſon œil meſchant
ſur ſon bien, eſt auaricieux. Celuy
qui voudroit la donner, & voudroit
que les autres la donnaſſent auſſi ;
eſt homme de bien. Mais celuy qui
ne la voudroit pas dóner, & ne voudroit encor que les autres la donnaſſent, eſt vn impie.

Quatre humeurs ſe voyent en ceux qui vont à l'eſtude. Celuy qui y va & n'y faict rié, c'eſt à dire, n'apprend rien ; ſa recompenſe eſt bien legere. Celuy qui y fait quélque profit, & n'y va pas ; ſa recompenſe auſſi eſt fort petite. Celuy qui y va & y apprend, eſt homme pieux : & celuy qui n'y va pas & n'apprend rien, eſt vn impie.

Quatre humeurs ſe retrouuent en ceux qui ſe preſentent deuant les ſages. Les vns font comme vne eſponge qui ſuce tout ; les autres comme vn entonnoüer qui reçoit tout par vn coſté & rend tout par l'autre. Ceux-cy comme vne cuue qui laiſſe aller le vin & retient la lye : Ceux-là comme vn tamis qui ſepare la farine d'auec le ſon, & les retient tous deux ſeparément, eſtant fermé par le bas ainſi que ſont les tamis des parfumeurs.

Tout amour qui depend de quelque chose, la chose estant ostée, l'a-
mour se retire aussi. Mais celuy qui
ne depend d'aucune chose, ne cesse
iamais. Qui est l'amour qui depend
de quelque chose ? C'est l'amour
d'Ammon & de Thamar. Et qui est
celuy qui ne depend d'aucune chose ? C'est l'amour de Dauid & Ionathan.

Toute dispute qui est faicte au
nom de Dieu, est pour se maintenir
à la fin heureusement. Mais celle
qui n'est pas faite au nom de Dieu,
n'est pas pour durer longuement en
paix. Qui est la dispute faite au nom
de Dieu ? Celle-là est la dispute de
Hillel & de Samai. Et celle qui n'est
pas faite au nom de Dieu, c'est celle de Choré & de toute sa compa-
gnie contre Moyse & Aaron.

Tout homme qui fait bien au public, fait qu'il n'arriue aucun peché à fon occafion : mais tout homme qui fait pecher le public, ils tiennent qu'il luy eft impoffible de faire vne penitence & fatisfaction affez digne.

Moyfe fit bien, & fut caufe que le public fit bien auffi; le merite de plufieurs luy en eft attribué, comme dit ce paffage. Il accomplit la Iuftice du Seigneur & fes iugemens ou commandemens auec Ifraël. Ieroboam pecha & fit pecher le public, & rejette-on fur luy le peché de plufieurs, fuyuát ce paffage. A caufe des pechez de Ieroboam fils de Nabath qui pecha & fit pecher Ifraël.

Quiconque a en foy ces trois chofes fuyuantes, eft des difciples de noftre Pere Abraham : mais celuy

qui a trois autres choses contraires,
est des disciples de l'impie Balaam.
L'œil gracieux, l'esprit debonnaire,
& l'ame satiable aisée à contenter;
celuy qui est doüé de ces choses est
des disciples d'Abraham. Mais l'œil
malin, lesprit altier & orgueilleux,
& l'ame insatiable, ce sont marques
des disciples de l'impie Balaam.
Quelle difference y a-il entre les disciples de nostre Pere Abraham &
ceux de l'impie Balaam? Les disciples de nostre Pere Abraham iouïs-
sent des contentemens de ce monde,& apres heritent ceux de l'autre,
comme dit ce passage. I'ay dequoy
faire heriter mes amis. Mais ceux de
l'impie Balaam ont en partage l'Enfer & sont confinez dans la basse fosse , suiuant ce traict. Et vous Seigneur Dieu, les ferez descendre en
la basse fosse : les hommes sangui-

naires & les trompeurs n'acheue-
ront pas la moitié de leurs iours : &
quant à moy i'espereray en vous.

Iuda fils de Thema disoit. Sois
hardy comme le Leopard, agile cô-
me l'Aigle, & aussi viste coureur que
le Cheureuil, & vaillant & coura-
geux comme le Lyon à mettre en
execution la volonté de Dieu ton
Pere qui est aux Cieux :

Il disoit encor. L'impudent & es-
honté va droit en Enfer, mais le modeste & honteux, en Paradis. Il vous
plaise (ô Seigneur Dieu) de mettre
nostre principal heritage en l'estude
de vostre Loy.

Le petit Samuel disoit. Dés l'aage
de cinq ans on se doit addonner á
l'estude de la Bible. A l'aage de dix
â la loy verbale, ou traditiue. A l'aage de treize, à lobseruance des commandemens. A l'aage de quinze à

l'eſtude du Talmud. A l'aage de dix-huiĉt au mariage. A l'aage de vingt à pourſuyure l'eſtude. A l'aage de trente à la ſpeculation. A l'aage de quarante ans à la prudence A l'aage de cinquante ans à donner conſeil. A l'aage de ſoixante s'appelle vieil. A l'aage de ſeptante la blanche cheuelure. A l'aage de quatre vingt ans la force de la bonne complexion. A l'aage de nonante à eſtre courbé. A cent ans comme ſi on eſtoit mort & hors du monde.

Le fils ne Bagbad diſoit. Penſe & repenſe à la loy, car elle comprend en ſoy toute choſe : contemples-y, enuieillis-toy en icelle, & ne ten depars point, car tu n'as meilleur party qu'elle.

Le fils de Heché diſoit. Selon ce qu'on a enduré pour l'amour de

Dieu, on reçoit la recompense.

CHAP. VI.

RAbi Mier disoit. Tout homme qui prend peine autour de la Loy à bonne fin, est digne de plusieurs choses : & non seulement cela, mais encor tout le monde luy a de l'obligation, & est appellé le compagnon & amy de Dieu. Il ayme Dieu, & ayme ses creatures; il rejoüit Dieu & rejoüit les personnes : la Loy le reuest d'humilité & de crainte, & le prepare à estre iuste & pieux, droicturier, & fidele; elle le fait aussi détourner du peché, & s'approcher du bien : & les hommes se seruent de luy pour son conseil, science, & prudence, comme dit le passage. Le Conseil est mien, & la science & prudence & la puissance sont miennes. Elle luy donne vn

b

empire & domination sur les autres,
& l'inuention des raisons, luy des-
couurant les secrets de la Loy. Et il
deuient comme vne fontaine, qui
ne tarit point, & comme vn fleuue
qui ne cesse de couler. Il en est aussi
modeste: & difficile à se courroucer,
& pardonne les iniures qui luy sont
faittes. Elle le magnifie, l'aggrandit
& l'exalte par dessus toutes choses
creées.

Rabi Iosué fils de Leui disoit.
Chasque iour vne voix sortoit du
mont Oreb disant clairement. Mal-
heur à ces personnes pour l'iniure
qu'elles font à la Loy : pource que
tout homme qui ne s'estudie pas à
l'obseruance de la Loy, veritablement est reprouué, comme dit ce
passage. La femme belle & folle res-
semble vne boucle d'or au groin
d'vn porc. Cóme dit cette autre pas-

Tage. Et les tables eſtoient vn ouurage de Dieu, & la graueure qui
eſtoit ſur ces meſmes tables. Il ne
faut expliquer cela, graueure, mais
liberté (puis que cette parole ſi-
gnifie ces deux choſes) nous donnant à entendre que l'homme n'eſt
pas exempt du iugemét de l'Enfer,
ſinon celuy qui prend peine de garder la Loy, puis que tout homme
qui le fait vient à eſtre exalté, comme dit le verſet ſuyuant ; Que du
don de la Loy on paruient à l'heritage de Dieu, & de cet heritage de
Dieu on paruient au lieu plus éle-
ué de la beatitude.

Celuy qui apprend de ſon compagnó vn chapitre, ou vne leçon, ou
vn verſet, ou bien ſeulement vne
lettre, il luy doit de l'honneur & du
reſpect : car nous auons reconneu
cela en Dauid Roy d'Iſraël, qui

n'apprit que deux chofes feulemenr
d'Architophel, & l'appella fon maiftre, fon precepteur, & fon inftruc-
teur, fuyuant ce paffage. Et toy mó
intime, mon maiftre, gouuerneur
& amy. Si Dauid Roy d'Ifraël, qui
n'apprit que deux chofesd'Architophel, l'appelle fon maiftre, fon
precepteur & compagnon: combié
à plus forte raifon celuy qui appréd de fon compagnon vn traicté,
ou vne fentence, ou vn verfet, ou
feulement vne lettre, luy doit-il ne-
ceffairement porter refpect? car cet
honneur n'eft autre que celuy de la
Loy, comme dict Salomon. Les Sages heritent l'honneur, & les par-
faicts heritent le bien: or il n'y a autre bien que la Loy, fuiuant ce paffage. Ie vous ay donné vne bonne
doctrine, vous n'abandonerez point
ma Loy.

La maniere qu'on doit tenir à estudier la Loy est telle. Tu mangeras le pain auec du sel, & boiras l'eau par mesure : tu dormiras sur la dure, & meineras vne vie penible & austere, prenant peine autour de la Loy : & si tu fais cela, te voila bien-heureux, bien t'en prendra : tu es bien-heureux en ce monde, & bien t'en prendra en l'autre. Ne recherche aucune grandeur pour toy-mesme, & ne desire de l'honneur plus que ton estude. Trauaille, & ne souhaitte point la table des Roys, pour autant que ta table est plus grande & splédide que la leur, & ta couronne plus grande que la leur, & le maistre de ta besongne est fidele, qui t'en donnera la recompense.

La dignité & excellence de la **Loy** est plus releuée que celle du Sacerdoce & de la Royauté : car la Roy-

auté s'aquiert auec trente degrez, &
celle du Sacerdoce auec vingt quatre, & celle de la Loy auec quarante
huict. C'eſt à ſçauoir, auec l'eſtude, auec l'ouye, auec la parole auec l'intelligence du cœur, auec la
conſideration du cœur, auec crainte & auec terreur, auec humilité
auec ioye, en faiſant ſeruice aux Sages, auec la ſubtilité des compagnons, auec la diſpute des diſciples,
auec la patience, auec l'eſtude de la
Bible, auec l'eſtude de la Miſna
(c'eſt à dire loy verbale ou traditiue) auec peu de marchandiſe ou trafic, auec peu de dormir, auec peu
de delectation, auec peu de rire,
auec peu d'excercice ou occupation
mondaine, auec la tardiueté de la
cholere, auec le bon cœur, auec la
fidelité enuers les Sages, auec la tolerance des tribulations, auec la re-

conoiſſance de ſon rang, en ſe côté-
rant de ſa part, auec la circóſpection
en ſes paroles, & ne s'arroger dignité ou preéminence. Celuy-là eſt
aymé de Dieu,& ayme les creatures,
ayme la iuſtice, ayme la repriméde,
ayme la droicture , il ſe deſtourne
de l'hóneur ou ambition, & n'enfle
point ſon cœur à cauſe de ſon eſtude, & ne ſe plaiſt pas à donner ſen-
tence : il ſupporte le joug auec ſon
compagnon , & interprete les acti-
ons d'iceluy en bonne part, le con-
firme ſur la verité & ſur la paix, il ſe
contente en ſon eſtude. Il demande
& reſpond, il entend & adiouſte
doctrine , il apprend auec intention
d'enſeigner & mettre en pratique.
Il rend ſon maiſtre plus ſage & ac-
cort, & ſe monſtre attentif à ſa leçon, & raporte la choſe par le nom
de celuy qui l'a dite: par-là on appréſ

que celuy qui raporte la chose par le nom de celuy qui l'a dicte fait venir le rachapt du monde, comme dit ce passage. Et Esther dit au Roy au nom de Mardochée.

Grande est la Loy, pour autant qu'elle donne la vie à ceux qui l'obseruent en ce monde, & en l'autre aussi cóme dit le verset : car elle est vie à ceux qui la trouuét, & medecine à toute la chair. Il dit encor. Elle seruira de medecine à ton nombril, & de rafraichissement à tes os. Salomon dit encor. Elle est vn arbre de vie à ceux qui l'embrassent, & ceux qui la maintiennent seront bienheureux. Il dit encor. Pour autant qu'elle est vne guirlande de grace à ta teste, & vne couronne de gloire t'entourera le chef. Il dit encor. Longueur de vie est à sa dextre, & à sa gauche se retrouuent richesses

& hon-

&honneur. Il dit encor. C'eſt pourquoy longueur de iours & années de
vie & paix t'arriueront. Tous ces paſ-
ſages parlent de la loy.

Rabi Simeon fils de Menacia diſoit
au nom de Rabi Simeon fils de Ioha.
La beauté ; la force, la richeſſe,
l'honneur, la ſageſſe, la vieilleſſe,
l'aage decrepit & le nombre d'enfans ſieent bien aux gens de bien &
au monde, comme dit le verſet. Couronne de gloire appartient à la vieilleſſe, qui eſt arriuée auec les ſentiers
de la iuſtice. Il dit dauantage. La couronne des vieillards ſont les enfans, &
la gloire des enfaus giſt en leurs peres.
Et dit encor. La gloire des ieunes
gens c'eſt leur force: & la beauté des
vieillards c'eſt leur poil griſon. Et la
Lune ſe confondra & le Soleil aura
honte, pour autant que le Seigneur
des armées a regné au mót de Sion &

en Ierusalem, & les vieillards seront en honneur.

Rabi Simeon fils de Menacia disoit. Ces sept remarques que les Sages ont faict des gens de bien, se sont conseruées & maintenues au Rabi & ses enfans.

Rabi Ioseph disoit. Me trouuant vne fois en voyage, ie rencontray vn homme qui me salüa, & moy l'ayant resalüé me dit. Rabi, de quel lieu estes vous? Ie luy respondis. Ie suis d'vne grande ville de gens sages & doctes. Il me repartit. Rabi, voudriez vous venir demeurer auec nous, & ie vous donneray mille millions de deniers d'or & des pierres fines & precieuses? Et ie luy respondy. Mon enfant, si vous me donniez tout l'argent & l'or du monde, ie ne demeurerois sinon en lieu d'estude de la Loy, pour autant qu'à l'heure de la

mort ny l'or, ny l'argent, ny les ioy-
aux n'accompagnét l'homme, mais
seulement la Loy & les bonnes œuures, comme dit le passage. Elle te
guidera en cheminant, quand tu
reposeras elle te gardera, & quand
tu seras esueillé elle deuisera auec
toy. En ton chemin elle te conduira
en ce monde, & gisant elle te gardera, c'est à dire au tombeau : &
quand tu t'esueilleras elle deuisera
auec toy, sçauoir est en l'autre monde. Et en ce sens s'entend le verset
qui dit. La Loy de vostre bouche
m'est meilleure que les millions
d'or & d'argent. Et le Prophete dit.
L'argent & l'or sont à moy, dit le
Seigneur.

Dieu benit se dit possesseur de
cinq choses en ce monde, qui sont
celles cy. La loy est vne possession.
Le ciel & la terre sont vne possesion.

Abraham est vne possession. Israël est vne possession. La maison du Sanctuaire est aussi vne possession. D'où se prouue que la Loy est vne possession? Le Seigneur, dit-il, me posseda au commencement de ses voyes, auant toutes ses œuures. D'où se prouue que le Ciel & la terre sont vne possession? Le Seigneur a dict. Le ciel est mon siege, & la terre est l'escabeau de mes pieds: quelle est cette maison que vous me bastirez; & qui est ce lieu de mon repos? Et vn autre passage il dict. Cóbien grandes sont vos œuures, ô Seigneur! vous les auez faites toutes auec sagesse, & la terre est pleine de vostre possessió. D'où se prouue qu'Abraham soit vne possession? De ce passage. Et il le benit, & dit: Qu'Abraham soit benit de Dieu possesseur du ciel & de la terre. D'où

ſe prouue qu'Iſraël eſt vne poſſeſ-
ſion? De ce verſet. Iuſques à tant,
Seigneur, que voſtre peuple paſſe outre : iuſques à tant que paſſe
outre ce peuple que vous auez poſ-
ſedé. Comme dit auſſi cét autre verſet. Aux ſainɗs qui ſont en la terre,
& aux puiſſans, tout mon plaiſir eſt
en ceux-là. D'où ſe prouue que la
maiſon du Sanɗuaire eſt vne poſ-
ſeſſion ? De ce paſſage qui dit. Le
Sanɗuaire, Seigneur, que vos mains
ont eſtably. A quoy ſe rapporte cét
autre paſſage. Et au bout de quarante ans il les conduiſit à la montaigne de ſa ſainɗeté : montaigne
conquiſe par ſa dextre. Et tout ce
que Dieu ſainɗ & benit à creé en
ſon monde, il ne l'a creé que pour
ſon honneur, comme dit ſe verſet.
Tout ce qui eſt appellé par mon
nom, ie l'ay creé pour mon hóneur,

ie l'ay creé, ie l'ay formé, & encor
ie l'ay faict. Et dauantage il dit. Le
Seigneur regnera eternellement, &
par de là l'eternité.

Rabi Canaia fils d'Achatia dit. Dieu
voulut rendre Iſraël digne de beatitude: c'eſt pourquoy il luy multiplia
la Loy & les commandemens, comme dit le paſſage. Dieu par ſa bonté
a pris plaiſir d'aggrandir & augmen-
ter la Loy.

F I N.

www.ingramcontent.com/pod-product-compliance
Ingram Content Group UK Ltd.
Pitfield, Milton Keynes, MK11 3LW, UK
UKHW021449090726
13657UKWH00003B/1283